Bibliografische Information der Deutschen Nationalbibliothek:

Die Deutsche Bibliothek verzeichnet diese Publikation in der Deutschen National-
bibliografie; detaillierte bibliografische Daten sind im Internet über http://dnb.d-
nb.de/ abrufbar.

Impressum:

Copyright © 2019 GRIN Verlag
Druck und Bindung: Books on Demand GmbH, Norderstedt Germany
ISBN: 9783346220028

Dieses Buch bei GRIN:

https://www.grin.com/document/900904

Anonym

Digitalisierung in der Fitness- und Gesundheitsbranche

GRIN Verlag

GRIN - Your knowledge has value

Der GRIN Verlag publiziert seit 1998 wissenschaftliche Arbeiten von Studenten, Hochschullehrern und anderen Akademikern als eBook und gedrucktes Buch. Die Verlagswebsite www.grin.com ist die ideale Plattform zur Veröffentlichung von Hausarbeiten, Abschlussarbeiten, wissenschaftlichen Aufsätzen, Dissertationen und Fachbüchern.

Besuchen Sie uns im Internet:

http://www.grin.com/

http://www.facebook.com/grincom

http://www.twitter.com/grin_com

Deutsche Hochschule für

Prävention und Gesundheitsmanagement

Hermann Neuberger Sportschule 3

66123 Saarbrücken

Einsendeaufgabe

Fachmodul: Marketing II

Studiengang: Fitnessökonomie

Datum
Präsenzphase   **21.01. - 25.01.2019**

Studienort: **Hamburg**

Semester: **WS 2016**

Inhaltsverzeichnis

1   PREISMANAGEMENT UND KOOPERATIONEN..4

1.1   **Preiselastizität der Nachfrage**..4

1.2   **Preisbildung**..5

    1.2.1   Anlässe der Preisbildung...5

    1.2.2   Kostenorientierte Preisbildung...6

    1.2.3   Konkurrenzorientierte Preisbildung..8

2   STRATEGISCHE ANALYSEMETHODEN...8

2.1   **Five-Forces-Modell nach Porter**..9

2.2   **Durchführung einer SWOT-Analyse**...10

    2.2.1   Ressourcenanalyse (Stärken und Schwächen)..10

    2.2.2   Umweltanalyse (Chancen und Risiken)...11

2.3   **Erstellung einer SWOT-Matrix**..12

2.4   **BCG-Portfolio und Produktlebenszyklus**...13

2.5   **Fazit**..15

3   CORPORATE IDENTITIY..15

3.1   **Interview-Analyse**...15

    3.1.1   Überarbeitung der Corporate Identity...15

    3.1.2   Gründe zur Änderung der Corporate Identity..16

    3.1.3   Unternehmen die ihre Corporate Identity überarbeiten...17

3.2   **Marktstrategien**..17

    3.2.1   Wettbewerbsstrategien...18

    3.2.2   Strategien auf Basis der Produkt-Markt-Matrix...18

4   DIGITALISIERUNG IN DER FITNESS- UND GESUNDHEITSBRACHE 18

5   LITERATURVERZEICHNIS..21

6 ABBILDUNGS- UND TABELLENVERZEICHNIS..**23**

6.1 Tabellenverzeichnis...23

6.2 Abbildungsverzeichnis...23

1 Preismanagement und Kooperationen

Die X&Y Health GmbH befasst sich mit dem Gedanken der Expansion des Unternehmens und muss sich in diesem Zuge der Aufgabe widmen, eine geeignete Preisstruktur für die Mitgliedschaften der zukünftigen Clubs zu ermitteln.

1.1 Preiselastizität der Nachfrage

Zu Beginn wird die Preiselastizität der Nachfrage ermittelt, welche nach Dunker (2006, S.44) die relative Änderung der nachgefragten Menge bei einer kleinen Preisänderung angibt und mit folgender Formel berechnet wird:

$$(\varepsilon) = \frac{\ddot{A}nderung\ der\ Menge\ \text{in}\ \%}{\ddot{A}nderung\ des\ Preises\ \text{in}\ \%}$$

Abb.:1 Formel zur Berechnung der Preiselastizität.

Im Januar 2017 lag der Mitgliederbestand bei 2.700 Mitgliedern, bei einem Beitrag von 40,90 € pro Mitglied. Bei einer Erhöhung auf 45,90 € wird ein Rückgang des Mitgliederbestandes auf 2.400 Mitglieder erwartet.

Mengen- und Nachfrageänderung in Prozent umrechnen:

Preisänderung = ((45,90 € - 40,90 €)/ 40,90 €)

$\Delta_P = 0,122$

Preisänderung = 12,2 %

Mengenänderung = (2.400 – 2.700) / 2.700)

$\Delta_M = 0,111$

Mengenänderung = 11,1 %

Einsetzen der Prozentwerte in die Formel zur Berechnung der Preiselastizität:

ε = 11,1 % / 12,2 %

ε = 0,91 = |0,91| < |1|

→ Die Nachfrage ist unelastisch.

Da es sich um eine unelastische Nachfrage handelt, wird sich diese bei einer Preiserhöhung von 1 % um weniger als 1 % ändern. Zu berücksichtigen ist, dass die Elastizität nur sehr knapp unter dem Wert von 1 liegt und bei anderer Rundung ebenso als isoelastisch hätte interpretiert werden können. Es ist anzunehmen, dass sich die Nachfrageänderung fast im gleichen Rahmen der Preisänderung bewegen wird. Eine Preisänderung ist in diesem Fall sinnvoll, da es entweder an Mitbewerben fehlt, die Änderung nicht direkt wahr genommen wird oder ein höherer Preis vom Kunden mit hoher Qualität assoziiert wird. Der Preis lässt sich folglich großzügiger anziehen ohne dass mit einem starken Kundenschwund gerechnet werden muss.

1.2 Preisbildung

„ Einen optimalen Preis gibt es immer. Es ist nur schwierig, ihn zu finden." (Dunker, 2006. S.37)

1.2.1 Anlässe der Preisbildung

Im Rahmen der Preisbildung gibt es unterschiedliche Anlässe, zu welchen die folgenden zählen (Meffert, Burmann et al., 2015, S. 487-488):

- Produktinnovationen, -variationen und -differenzierungen;
- Markterschließung;
- Kostenveränderungen;
- Konkurrenzreaktionen;
- Veränderungen des Absatzvolumens;
- Veränderungen des Marktvolumens;

Im Fall der X&Y Health GmbH ist der Anlass zur Preisbildung die Markterschließung, da das Unternehmen durch die Expansion neue geografische Märkte betritt. Um die richtige Preisstrategie zu finden, lassen sich aus der Produnkt-Markt-Matrix nach Ansoff vier Basisstrategien ableiten (Meffert, Burmann et al., 2015, S. 254).

Tab.1: Produkt-Martkt-Matrix nach Ansoff (modifiziert nach Meffert, Burmann et al., 2015, S. 254 und Weis, 2012, S. 160)

Leistungen / Märkte	Bestehende	Neue
Bestehende	**Marktdurchdringung** - Marktbesetzung - Marktverdrängung	**Marktentwicklung** - Internationalisierung - Marktsegmentierung
Neue	**Produktentwicklung** - Produktinnovationen - Produktdifferenzierung	**Diversifikation** - vertikale - horizontale - laterale

Für die X&Y Health GmbH ist die geeignete Produkt- und Leistungsstrategie die Marktentwicklung, denn das Unternehmen setzt darauf neue Märkte für sein Anlagen zu finden, welche sich durch hohe Service- und Dienstleistungsorientierung auszeichnen. Nach Kotler, Bliemel und Weis (2006, S. 146 f.; Weis, 2012, S. 160) bestehen hierfür folgende Optionen:

- Bearbeitung neuer geografischer Märkte;

- Erschließung neuer Marktsegmente;

- Nutzung neuer Distributionskanäle;

- Erschließung neuer Abnehmergruppen;

1.2.2 Kostenorientierte Preisbildung

Herangezogen wird ein kostenorientierte Preisbildungsverfahren auf Basis der Zuschlagsmethode. Die X&Y Health GmbH orientiert sich hierbei an den betriebsindividuellen Kosten und fügt eine gewünschte Verkaufsspanne, bzw. einen Gewinnaufschlag hinzu. Die für die Berechnung des Monatsbeitrags (brutto) genutzten Daten sind Tab.2 zu entnehmen.

Tab.2: Werte zur Preisbildung des monatlichen Bruttomitgliedsbeitrages (eigene Darstellung)

	Netto	Brutto (x 1,19)
Fixkosten für eine neue Anlage pro Jahr	650.000,00 €	773.500,00 €
Variable Kosten pro Person und Monat	8,50 €	10,12 €
Anzahl der erwarteten Mitglieder	2800	
Gewinnaufschlag	15 %	

Unter Verwendung der Daten aus Tab.2 wird nun der monatliche Mitgliedsbeitrag berechnet.

1. _Berechnung der Bruttofixkosten pro Monat:_

   $Bruttofixkosten_{(pM)} = Bruttofixkosten\ pro\ Jahr\ /\ 12$

   $Bruttofixkosten_{(pM)} = 773.500,00\ €\ /\ 12$

   $Bruttofixkosten/Monat = 64.458,33\ €$

2. _Berechnung des Monatsbeitages ohne Gewinnzuschlag:_

   $Monatsbeitrag_{(oG)} = variable\ Kosten\ +\ (Bruttofixkosten_{(pM)}\ /\ Mitgliederanzahl)$

   $Monatsbeitrag_{(oG)} = 10,12\ €\ +\ (64.458,33\ €\ /\ 2.800)$

   $Monatsbeitrag_{(oG)} = 33,14\ €$

3. _Berechnung des Monatsbeitrages mit Gewinnzuschlag:_

   $Monatsbeitrag_{(mG)} = Monatsbeitrag_{(oG)}\ +\ (Monatsbeitrag_{(oG)}\ *\ 15\ \%)$

   $Monatsbeitrag_{(mG)} = 33,14\ €\ +\ (33,14\ €\ *\ 15\ \%)$

   $Monatsbeitrag_{(mG)} = 33,14\ €\ +\ 4,97\ €$

   $Monatsbeitrag_{(mG)} = 38,11\ €$

Für den monatlichen Mitgliedsbeitrag anhand des kostenorientierten Preisbildungsverfahrens auf Basis der Zuschlagsmethode ergibt demnach sich ein Preis von 38,11 €.

1.2.3 Konkurrenzorientierte Preisbildung

Nach Weis (2012, S. 388) richtet sich ein Unternehmen bei der konkurrenzorientierten Preisbildungsmethode, unabhängig von der eigenen Kosten- und Nachfragesituation, nach den Preisen der Konkurrenz. Im Falle der X&Y Health GmbH eröffnet ein gleich positionierter Konkurrent im Marktgebiet, der einen Mitgliedsbeitrag von 29,95 € erhebt. Der X&Y GmbH verbleiben mehrere Strategien. Das Unternehmen könnte sich auf ein Preisdumping einlassen und innerhalb des Gewinnzuschlages – um kostendeckend zu bleiben – den Mitgliedsbeitrag nach unten variieren. Da der Mitgliedsbeitrag jedoch selbst ohne Gewinnzuschlag über dem der Konkurrenz liegen würde, ist diese Option nicht empfehlenswert, zumal der Konkurrent ebenfalls eine erneute Preissenkung vornehmen könnte. Eine weitere Option wäre es, den Preis einfach zu erhalten und den Wettbewerb entscheiden zu lassen, doch wenn das Unternehmen nicht agiert, bleibt ihm nur zu reagieren und es schlüpft in eine passive, fremdbestimmte Rolle. Sinnvoller ist es, den Preis noch zu erhöhen, um beispielsweise in Imagearbeit und Werbung zu investieren. Zudem ist das Unternehmen nicht abhängig von den Preisvorgaben der Konkurrenten, da es selbst in der Lage ist, die Preiselastizität und weitere Faktoren zu bestimmen. Es sollte sich klar positionieren und dem potentiellen Kunden mittels geeignetem Marketing den Nutzen und die Vorteile einer Mitgliedschaft vermitteln. Um gegen die Konkurrenz zu bestehen kann außerdem ein USP gesetzt werden. Des Weiteren setzt die X&Y Health GmbH mit ihren Anlagen auf hohe Service- und Dienstleistungsqualität und befindet sich im mittleren und gehoben Preissegment und nicht in dem von den Discountstudios. Zusammenfassend ist von einem Preiswettkampf mit der Konkurrenz abzuraten und eine Leistungsorientierte Positionierung gegenüber dem Kunden mittels USP und Imagearbeit vorzuziehen wobei sogar eine Preiserhöhung in Frage käme, um die eventuell zusätzlich anfallenden Marketingkosten zu decken. In Anbetracht des Kostenmanagements kann eine Kooperation mit der Konkurrenz in Betracht gezogen werden, da dieser sich gleich positioniert. So könnten Kosten für Werbung u.ä. gesenkt werden, gemeinsame Kampagnen geplant oder Kursergänzungen vorgenommen werden. Leistungen beider Unternehmen könnten für die Kunden kombiniert werden.

2 Strategische Analysemethoden

Im Rahmen der strategischen Analyse wird das Marktumfeld genau untersucht.

2.1 Five-Forces-Modell nach Porter

Ein nützliches Instrument zur Analyse der Wettbewerbssituation ist die Branchenstrukturanalyse, basierend auf dem Five-Forces-Modell nach Porter. Hierzu beschreibt Porter fünf Wettbewerbskräfte (Five Forces), die die Dynamik des Wettbewerbs innerhalb einer Branche und damit die Rentabilität eines Unternehmens beeinflussen (Bea & Haas, 2013, S. 99).

Im Folgenden wird anhand des Five-Forces-Modells analysiert, wie diese Wettbewerbskräfte auf das Unternehmen Freeletics GmbH einwirken.

Verhandlungsstärke der Lieferanten: Lieferanten der Freeletics GmbH sind z.B. die Hersteller der Merchandising-Artikel, aber auch Entwickler der Apps und Online-Programme. Gerade letztere besitzen eine gute Position der Verhandlung, da z.B. das Konzept des sich anpassenden AI-Coachings eines der Alleinstellungsmerkmale des Unternehmens ist. Ohne die Entwickler hinter diesen technischen Innovationen, welche auch für die Zukunft von großer Bedeutung sind, fiele eines der Standbeine des Unternehmens weg.

Verhandlungsstärke der Kunden: Die Verhandlungsstärke der Kunden, bekäme das Unternehmen v.a. über einen Nachfragerückgang der Produkte mit, wenn z.B. die Kunden zu anderen Anbietern ähnlicher Leistung wechseln. Es ist für das Unternehmen unumgänglich, auf die Preise und Angebote der Mitbewerber zu achten, denn Freeletics wirbt mit günstigem Training von zu Hause oder überall zu niedrigen Preisen, ab 1,62 € pro Woche (Freeletics GmbH, 2019).

Bedrohung durch Ersatzprodukte: Produkte, die ein Training überflüssig machen, würden Freeletics ebenso treffen, wie Produkte, die eine Coaching App überflüssig machen. Beispielsweise Medikamente, die den Körper straffen, andere Formen von virtuellem Training oder die Erschwinglichkeit operativer Eingriffe.

Bedrohung durch neue Anbieter: Potentielle neue Anbieter könnten Ärzte und Rehazentren sein, aber auch aus dem Bereich der Lebensmittelbrache kommen. Schon jetzt bieten Discounter wie Lidl oder Aldi Körperanalysewaagen an, die mit einer App verknüpft werden müssen. Von dieser Technik ist es nur noch ein Katzensprung zu eigenen Online Fitnessangeboten.

Rivalität der Wettbewerber: Das gesamte Konzept von Freeletics basiert auf der Onlineverfügbarkeit seiner Produkte. Hierzu zählen Trainings- und Ernährungscoachings, ein Blog und ein Shop mit Merchandiseartikeln. Jedes Unternehmen, dass Fitness (egal ob online oder analog), Ernährungsberatung oder Sportkleidung bzw. Trainingszubehör anbietet, ist ein aktueller Konkurrent. Neben den Unternehmen der Brache sind auch im Bereich der Community, Blogger, Influencer, YouTuber und Co. Rivalen.

2.2 Durchführung einer SWOT-Analyse

Stärken und Schwächen eines Unternehmens werden mit der SWOT-Analyse ermittelt und auf die Chancen und Risiken des Marktes abgestimmt.

2.2.1 Ressourcenanalyse (Stärken und Schwächen)

Stärken:

Zu den Kernkompetenzen des Unternehmens zählen die ständigen Innovationen. Neben immer neuen Entwicklungen und App-Erweiterungen,entwickelt sich auch das Online Coaching rasant. So konnte das Unternehmen einen Trainingscoach entwickeln, der aus den Angaben der User lernt und sich selbstständig weiter entwickelt. (Freeletics GmbH, 2017, S. 4 – 10). Das Produktportfolio steigt stetig und setzt dabei auf Skalierung.

Elementar ist auch das Lifestyle-Image des Unternehmens, welches auf einer ausgeprägten Community basiert. Über Socialmediaplattformen und einen eigenen Blog wird das Zusammengehörigkeitsgefühl und der Kontakt mit den Kunden gefestigt. „Einer der größten Pluspunkte von Freeletics ist der einfache Zugang zu einer großen Community von gleichgesinnten Sport- und Fitnessfans. Man kann sich wunderbar untereinander austauschen und gegenseitig motivieren" (Hammer Sport AG, 2015).

Absolutes Standbein der Freeletics GmbH ist das Online-Trainingskonzept mithilfe von digitalen Coachings und der gleichnamigen App. So entwickelte sich aus einem Newsletter das heutige Kernprodukt, ein personalisierter Onlinecoach, welcher in der Vision der Gründer, den Usern hilft ihr volles Potenzial, sowohl physisch als auch mental auszuschöpfen (Gründerszene, 2015).

Schwächen:

Eine Schwäche ist die fehlende Fehleranalyse der Trainingsprodukte, denn Nutzer können nicht korrigiert werden und bei den angebotenen Übungen wird nicht auf mögliche Fehler aufmerksam gemacht (Hammer Sport AG, 2015).

Freeletics bietet kein gesundheitsorientiertes Training. Auf der Homepage heißt es zwar, das Training sei für jeden geeignet, doch die Trainingseinheiten verlangen den Nutzern ab, an ihr Limit zu gehen. High Intensitiy Training ist nichts für Anfänger, überlastet diese und kann bei gesundheitlich angeschlagenen Personen zu weiteren Schädigungen führen (Manager Magazin, 2015).

Eine weitere Schwäche, ist die Assoziation der Marke mit der App. Diese ist Fluch und Segen zugleich. Die gleichnamige App ist sehr bekannt, doch wird das eigentliche Unternehmen häufig nur mit dieser App assoziiert oder sogar gleichgesetzt. „Grundsätzlich ist Freeletics eine Sport/Fitness-App für´s Smartphone" (Hammer Sport AG, 2015). Die eigentliche Marke, der Lifestyle, die Trainingsart oder das Produktportfolio werden auf die App reduziert.

2.2.2 Umweltanalyse (Chancen und Risiken)

Chancen:

Der wachsende Einfluss der Digitalisierung und Socialmedia-Angebote macht sich überall - zunehmend in der Fitnessbranche - bemerkbar. Wer sich „Online" komplett zurückhält, wird früher oder später im Zeitalter der Digitalisierung unter gehen (Drack, 2017). Diese Tatsache ermöglicht Freeletics noch mehr Expansionspotential, wobei das Unternehmen bereits im Juli 2017 16 Millionen Nutzer in 160 Ländern verzeichnen konnte (Böhme, 2017).

Chancen bietet auch das anhaltende Wachstum der Fitnessbranche. Die „Eckdatenstudie der deutschen Fitness-Wirtschaft 2018" zeigt auf, dass die Anzahl der Mitglieder in Fitnessanlagen 2016 erstmals einen zweistelligen Millionenbereich überstieg und verzeichnete bis zum Jahr 2017 einen weiteren Anstieg um 5,3 % auf 10,61 Millionen Mitglieder (DSSV, 2018).

Der Trend des Cocooning aus den 80er Jahren gewinnt zunehmend an Bedeutung. Getreu dem Motto „Zuhause ist es doch am schönsten", erledigen die Menschen immer mehr von Zuhause aus. Darunter auch ihre Hobbys (Zukunftsinstitut GmbH, 2018).

Risiken:

Der demografische Wandel könnte die Kunden wieder mehr in persönlich betreute, gerätegestützte und gesundheitsorientierte Studios treiben. Der Altersquotient könnte, trotz Zuwanderung und steigender Fertilität aufgrund der wachsenden Lebenserwartung, bis 2060 das Anderthalbfache bis Doppelte des aktuellen Wertes betragen (Bundeszentrale für politische Bildung [bpb], 2017).

Zudem gehören persönlich betreutes Training, Entspannungstraining und auch Präventionskurse zu anhaltenden Trends (Arbeitgeberverband deutscher Fitness und Gesundheits-Anlagen [DSSV], 2016).

Steigender Wettbewerbsdruck im Bereich der digitalisierten Fitnessbranche gehört ebenfalls zu den Risikofaktoren. Bereits 2014 prophezeite Hollasch einen Verdrängungswettbewerb, bei dem sich ein oder zwei große Anbieter durchsetzen werden (Impulse, 2014).

2.3 Erstellung einer SWOT-Matrix

Anhand der vorangegangenen Analyse lässt sich eine SWOT-Matrix für die Freeletics GmbH erstellen.

Tab. 3: SWOT-Matrix für das Unternehmen Freeletics GmbH (modifiziert nach © BSA/DHfPG)

SWOT-MATRIX	Chancen (Opportunities)	Risiken (Threats)
	- Zunehmende Digitalisierung - Boom der Fitnessbranche - Trend des Cocooning	- Demografischer Wandel - Trend zu persönlicher Betreuung und gesundheitsorientiertem Trainings - Steigender Wettbewerbsdruck
Stärken (Strenghts)	**SO-Strategien**	**ST-Strategien**
- Innovationsstärke - Community - Online-Trainingskonzept	- Ausbau der Community. - global Expansion/Erschließung weiterer Märkte.	- Entwicklung von gesundheitsorientierten Programmen (Entspannung → Meditations-App o.ä., Übungen bei gesundheitlichen Einschränkungen). - Kooperationen mit anderen Konkurrenten (z.B. Gymondo, Austausch von Kompetenzen, gemeinsame Entwicklung von Programmen).
Schwächen (Weaknesses)	**WO-Strategien**	**WT-Strategien**
- Hohes Fehlerrisiko der Trainierenden - Kein gesundheitsorientiertes Training - Reduzierung der Marke auf die App	- Fehleranalysen zu den jeweiligen Übungen, z.B. als kurze Erläuterung. - Imagearbeit → Das Unternehmen in Szene setzen, z.B. durch Events oder Wohltätigkeitsaktionen.	- Über „milderes", gesundheitsorientiertes Training ältere Zielgruppen gewinnen. - Eventmanagement z.B. Kurse mit realen „Freeletics-Trainern" über Kooperations mit Studios → Mehr als nur eine App, Sicherheitsgefühl durch Betreuung realer Personen.

Die möglichen Strategien zeigen, dass das Unternehmen mit seinen Stärken eine sichere Position am Markt besitzt, die sich weiter ausbauen lässt, aber auch, dass über Neutralisierung der Risiken und Abbau der Schwächen noch viel Potential vorhanden ist, um z.B. einen Fuß in den Bereich des gesundheitsorientierten Trainings zu setzen.

2.4 BCG-Portfolio und Produktlebenszyklus

Das Portfolio der Boston Consulting Group (BCG) wird in Form einer Vier-Felder-Matrix visualisiert, die die strategischen Geschäftseinheiten, je nach relativem Marktanteil und Marktwachstum eingeordnet darstellt (Weis, 2012, 135 ff.): „Question Marks", mit einem hohen Marktwachstum und einem niedrigen relativem Marktaintel, „Stars" mit hohem Marktanteil bei hohem Wachstum, „Cash Cows" mit hohem Marktanteil, jedoch zurückgegangenem Wachstum und "Poor Dogs" bei geringem Wachstum und Marktanteil.

Unter Beachtung aktueller Zahlen laut Statista (2019) können Fitness-Apps eher als Question Marks eingeordnet werden. Der Umsatz im Segment beträgt demnach 2019 etwa 1.884 Mio. €. Nach Prognosen des Statistik-Portals wird das Marktvolumen im Jahr 2023 2.442 Mio. € erreichen, was einem Umsatzwachstum von 6,7 % entspricht. Das Wachstum ist hoch, doch der relative Marktanteil vergleichsweise (Wearables und Fitnessanlagen) gering. Die Prognosen lassen jedoch darauf schließen, dass Investitionen durchaus sinnvoll sind, da Fitness-Apps das Potential zu „Stars" besitzen.

An das BCG-Portfolio lässt sich das Konzept des Produktlebenszyklus in Form von vier Phasen angleichen. Diese lauten Entwicklung (Question Mark), Wachstum (Star), Reife (Cash Cow) und Degeneration (Poor Dog). Die Basis-Fitness-App der Freeletics GmbH „Freeletics Bodyweight" befindet sich aktuell in der Phase des Wachstums. Von der Entwicklung eines ursprünglichen Newsletters über ein E-Book bis zur App dauerte es nur wenige Jahre und die Anzahl der User steigt noch immer. Mittlerweile entwickelte das Unternehmen zusätzliche Apps: „Freeletics Nutrition", „Freeletics Gym" und „Freeletics Running". Betrachtet man alle Apps als ein Portfolio, lassen sich die App-Variationen auch als Modifikation betrachten, was im Produktlebenszyklus einem Relaunch entspräche. Doch auch die Freeletics-Bodyweight-App für sich allein, durchlief bereits mehrfach, durch Modifikationen, die Phasen Wachstum, Reife und erneuter Entwicklung (Freeletics, 2018):

Juni 2014: Update mit neuen Übungen,

März 2015: Update mit neuen Features zur besseren Verknüpfung der Community,

November 2016: Veröffentlichung der türkischen und japanischen Version, macht die App in acht Sprachen verfügbar,

Februar 2017: Bisher größtes Update mit neuen Exercises, zweitem Trainingssystem, erweiterte Workout-Kombination und intelligentem Online-Coach mit AI- und Machine-Learning-Technologie.

Von der Gründung im Jahr 2013 schaffte die App es im Jahr 2017 so auf 14 Millionen User. Das Unternehmen unterbindet durch die ständigen Innovationen die Phase der Degeneration, sodass die App stetig die Phase der Entwicklung und des Wachstums durchläuft, eventuell ließe sich temporär von einer Reifephase sprechen.

Anstelle der typischen Glockenform des Produktlebenszyklus findet sich hier eher eine Stufenform.

2.5 Fazit

Das Unternehmen wird in den folgen Jahren weiter wachsen und höheren Umsatz generieren. Chancen können optimal genutzt, Schwächen ausgeglichen und Risiken vorgebeugt werden. Die Anhaltende Digitalisierung in Verbindung mit dem Community-Gedanken und der Boom der Fitnessbranche dürften das Unternehmen auch zukünftig zu weiteren Gewinnen tragen. Das Risiko des demografischen Wandels lässt sich durch die globale Expansion gut kompensieren. Die innovativen Fähigkeiten des Unternehmens lassen den Schluss zu, dass technische Fortschritte optimal genutzt werden, indem die Trainingskonzepte dem technischen Fortschritt angepasst werden. Die Etablierung auf dem Markt sorgt auch zukünftig für Konkurrenzfähigkeit. Der Vision des Unternehmens, „jeden Menschen auf der Welt dabei zu unterstützen, physisch wie auch mental, sein volles Potential zu entfalten und damit zur stärksten Version seiner selbst zu werden" (Freeletics, 2019) wirkt attraktiver als je zuvor.

3 Corporate Identity

Die Corporate Identity ist die Philosophie und das Gesicht eines Unternehmens nach innen und außen.

3.1 Interview-Analyse

Im Folgenden wird ein Interview mit dem CEO von Fitness First Martin Seibold, hinsichtlich der Corporate Identity analysiert.

3.1.1 Überarbeitung der Corporate Identity

Die kommenden sechs Aspekte spiegeln die Überarbeitung der Corporate Identity von Fitness First wieder:

1. Rebranding → Das Logo wurde überarbeitet und die Farbe von blau zu rot geändert.

2. Clubmodernisierung → Deutschlandweit wurden die Clubs erneuert. In Hamburg am Stephansplatz wurde ein Club mit neuem innovativem Konzept eröffnet.

3. Erhöhung der Servicequalität → Mitarbeiter erhalten Zusatzqualifikation und werden im Unternehmen ausgebildet.

4. Einführung einer Work-Shop-Reihe → „How to train" soll dazu dienen Fehler und gesundheitliche Folgeschäden zu vermeiden.

5. Neue Kurse → z.B. Workout-Trend aus den USA „Bike & Beats", breite und individuelle Aufstellung durch feste Angebote, aber auch lokale Variationen der Clubs.

6. Mitglieder werben Mitglieder → Fitness Freitag erlaubt es kostenlos Freunde mit zum Training zu bringen.

3.1.2 Gründe zur Änderung der Corporate Identity

Es kann nötig sein, die Corporate Identity neu Auszurichten wenn:

1. Das Corporate Image überarbeitet werden soll: Die Wahrnehmung des Unternehmens nach Außen ist entscheidend für dessen Erfolg. Wird ein Unternehmen unvorteilhaft oder gar nicht wahrgenommen, müssen auch interne Prozesse neu ausgerichtet werden.

2. Überholtes Konzept: Ist das Konzept veraltet oder hebt sich nicht mehr von der Menge ab, muss an entsprechender Stelle gearbeitet werden. Ebenso verhält es sich mit dem Design oder den Farben mit denen das Unternehmen assoziiert werden soll.

3. Durchsetzen gegenüber Mitbewerbern: Es ist durchaus möglich, dass ein Unternehmen ein innovatives und einzigartiges Konzept entwickelt hat, doch dieses irgendwann von Mitbewerbern kopiert oder durch bessere Konzepte ausgesto-

chen wird. Dann sollte daran gearbeitet werden, sich wieder aus der Masse von Anbietern hervorzuheben.

4. Interne Verbesserungen: Sind die Mitarbeiter demotiviert oder herrscht ein schlechtes Arbeitsklima kann eine Änderung der Corporate Identity Besserung schaffen. Die „Unternehmensphilosophie" sorgt für Motivation und Teambildung, aber auch Identifikation der Mitarbeiter mit dem Unternehmen.

Fitness First will sich verstätkt von den Mitbewerbern abheben. So betont Seibold im Interview: „In einem Markt der von Kosteneinsparungen, Reduzierung der individuellen Trainingsbetreuung und von immer schlechter werdendem Service beherrscht wird, stehen wir für MEHR!" (Fitness First Germany GmbH, 2017). Des weiteren erklärt Seibold „man kann schon sagen, dass wir über die Jahre schon ein wenig eingestaubt waren, doch das ändern wir jetzt" (Fitness First Germany GmbH, 2017) woraus sich ergibt, dass eine Überarbeitung der überholten Konzepte und Cluboptik nötig war.

3.1.3   Unternehmen die ihre Corporate Identity überarbeiten

Tab.4 zeigt weitere Unternehmen, die ihre Corporate Identity (CI) überarbeiteten.

Tab.4: Unternehmen/Marken mit veränderter CI (eigene Darstellung)

Unternehmen / Marke und Quelle	Art der Änderung	Beweggründe
Pepsi Cola (Lenz, 2014)	Änderung des Logo Designs	Modernisierung. Pepsi Cola änderte im Laufe der hundertjährigen Firmengeschichte das Logo um mit der Zeit zu gehen.
Consorsbank (Design Tagebuch [dt], 2014)	Änderung des Logos und des Namens	Neue Positionierung als digitales Kreditinstitut.
Vodaphone (Horizont, 2013)	Änderung der Optik zu einem Rhombus mit Logo und Werbebotschaften	Modernisierung und flexible Gestaltung von Kampagnen.
Windows (Lenz, 2014)	Änderung des Logos	Modernisierung. Um mit dem Voranschreiten der technischen Branche Schritt zu halten, ändert Windows etwa alle vier Jahre sein Logo.

3.2 Marktstrategien

Im Folgenden werden die Marktstrategien des Unternehmens Fitness First untersucht.

3.2.1 Wettbewerbsstrategien

Das Unternehmen Fitness First folgt der Differenzierungsstrategie nach Porter. Mit seiner besonderen Leistung, in Form von hoher Qualität im Bereich der Betreuung, des Service und eines einzigartigen Konzeptes setzt sich das Unternehmen gegenüber der Konkurrenz durch.

Weitere Beispiele für Wettbewerbsstrategien sind die Strategie der Kostenführerschaft wie sie McFit betreibt und die Nischenstrategie innerhalb derer wiederum in Kostenführerschaft oder Differenzierung unterteilt werden kann. Hier ist Mrs. Sporty als Beispiel für Differenzierung innerhalb einer Nische passend.

3.2.2 Strategien auf Basis der Produkt-Markt-Matrix

Fitness First nutzt unter anderem die Strategie der Produktentwicklung. Das Unternehmen bringt neue Produkte auf bestehende Märkte. 2016 entwickelte Fitness First die heute App „NewMoove", damals „CustomFit" und erweiterte so sein digitales Angebot (Fitness First Germany GmbH, 2018).

Ebenfalls herausragend ist die Marktdurchdringung des Unternehmens. Durch Innovationen und stetige Leistungsverbesserung will sich das Unternehmen auf dem bestehenden Markt attraktiver machen, neue Kunden gewinnen und die Nutzung der bestehenden Mitglieder intensivieren. Bestes Beispiel ist die Modernisierung im Jahr 2017, bei welcher Studios umgebaut und Konzept und Angebote erweitert wurden (Fitness First Germany GmbH, 2017, Fitness First Germany GmbH, 2018)

4 Digitalisierung in der Fitness- und Gesundheitsbrache

Da das Studio bereits einen guten Ruf besitzt und für die Kompetenzen der Trainer bekannt ist, sollte diese Positionierung ganz klar beibehalten werden. Von einer Preissenkung ist daher abzuraten. Da das Studio allerdings als veraltet wahrgenommen sollten Modernisierungsmaßnahmen vorgenommen werden. Ein neuer Anstrich und ein neuer Name, der attraktiver auf die Zielgruppe wirkt und weniger mit blähendem Blattgemüse assoziiert wird, sollten verwirklicht werden. Laut DSSV (2016) liegen neben der Digitalisierung weiterhin persönlich betreutes Training, Präventionskurse weiter im Kurs. Das Studio sollte daran festhalten. Um sich von den Mitbewerben abzusetzen kann eine Zertifizierung nach DIN-Norm 33961 genutzt werden, welche neben Entspannungskursen und qualifiziertem Personal (DSSV, 2016) ebenfalls verstärkt nachgefragt werden.

Das Voranschreiten des demografischen Wandels, trotz Zuwanderung (Bundeszentrale für politische Bildung, 2017) wird auch in Zukunft persönliche Betreuung lukrativ machen. Eine Spezialisierung auf eine ältere Zielgruppe mit entsprechenden Wellnessangeboten und Kursen ist vorteilhaft. Nichts desto trotz sollte sich das Studio den Trend der Digitalisierung zu Nutze machen. Entsprechendes Online Marketing in den sozialen Netzwerken modernisiert das Image. Automatisierte Check-In Bereiche entlasten die Mitarbeiter, was sie sich bessere auf die Betreuung fokussieren ließe und senken Personalkosten. Um das Training sowohl modern als auch gesundheitlich darzustellen können z.B Wireless Fitness Tracker genutzt werden, die mit persönlichem Coaching – Einordnung und Ausarbeitung des optimalen Trainingspulses – gut zu kombinieren sind. Die Kombination aus technischem Fortschritt und guter Betreuung könnte als USP verwendet werden. Längst gibt es Lieferanten auf dem Fitnessmarkt, die dieses Potential erkannt haben. Ein Beispiel wäre der Milon Zirkel, welcher durch automatische Einstellung der Geräte, Messung der Leistung und Verknüpfung der Daten mit Apps und anderen Visualisierungsmethoden arbeitet. Diese und ähnliche Systeme kann sich das Studio zu Nutze machen um sowohl mit guter Betreuung als auch Know How im technischen Fortschritt zu glänzen.

Zusammenfassend sollte das Studio sich klar mit gutem Service und qualifizierter Betreuung von den Mitbewerbern absetzen, die Digitalisierung nutzen um ein modernes Image zu erzeugen und das Corporate Design in neuem Glanz erstrahlen lassen. Anschließend sind noch einmal neue Beiträge zu Ermitteln, die die gebotene Leistung abdecken, damit das Unternehmen wirtschaftlich bleibt. Eine Senkung ist hierbei nicht vorgesehen.

Risiken sind natürlich, dass ein Teil der vorhandenen Kundschaft verloren geht. Dies ist bei jeder Änderung, v.a. Eventueller Erhöhung der Preise zu berücksichtigen. In diesem Falle sollte auf gute Kommunikation gesetzt und Mitgliederbindungsstrategien gesetzt werden. Neben einem Sonderkündigungsrecht kann den bestehenden Mitgliedern z.B. ein Gutschein für die Nutzung der neuen Kurse oder des erweiterten Wellness-Angebotes gegeben werden. Die Neueröffnung sollte als Event verpackt werden, welches mit dem aktuellen Kundenstamm „gefeiert wird". Klare Kommunikation darüber, dass die Veränderungen in jedem Fall Verbesserungen für die Bestandskunden darstellen.

Mit dem Schritt auf den digitalen Markt wird das Studio wachsendem Konkurrenzdruck ausgesetzt sein. Doch mit einer guten Positionierung ist Wettkampf allemal besser, als von den Wettbewerbern überholt und ausgestochen zu werden, wie es bisher der Fall war. Kooperationen mit Wettbewerbern sollten angestrebt werden. Sowohl im Bereich des Marketing, als auch des Kundenangebotes.

Grade mit einem neuen Namen und neuem Corporate Design besteht die Gefahr – oder der Segen – als neu auf dem Markt wahrgenommen zu werden. Der gute den Ruf, den das Studio bisher hatte, sollte transportiert werden, sodass das neue Design noch immer damit verbunden wird. Gleichzeitig muss das veraltete Image abgelegt werden. Slogans, die Ehemalige Kunden wieder neugierig machen können verwendet werden:

„Genug vom Kohl? Wir packen jungen Gemüse auf den Fitnessteller!"

„Die Kohl-Saison ist vorbei, die Zeit der guten Trainingsbetreuung niemals!"

Neben dem Erhalt von Bestandskunden ist natürlich der Gewinn von Neukunden entscheidend, um den entstehenden Kostenaufwand zu decken. Das richtige Marketing spielt hier die größte Rolle. Eine Neueröffnung nach erfolgreicher Renovierung, die zuvor gut beworben wurde, kann als Event die Aufmerksamkeit des Marktes erreichen. Einzigartige Angebot um Ehemalige zurückzugewinnen und Neukunden zu generieren. Mitglieder werben Mitglieder sollte genutzt werden. Ausreichend Werbung über Social-Media aber auch in den regionalen Medien, Zeitungen usw. müssen durchgeführt werden.

Mit dem Nutzen der Digitalisierung, z.B. im Bereich des Check-In und des Controlling könnte Personal an gegebener Stelle überflüssig werden. Es muss entweder mit Entlassungen oder verkürzten Arbeitszeiten gerechnet werden oder Alternative Einsatzmöglichkeiten sind zu schaffen. In jedem Fall ist dies mit den betreffenden Personen einzeln und individuell zu klären. Schließlich sollen auch die Mitarbeiter hinter dem neuen Konzept stehen. Einzelgespräche und individuelle Lösungsmaßnahmen sind hier gefordert. Neue Einsatzmöglichkeiten über lukrative Angebote können ausgearbeitet werden. Wo Entlassungen unvermeidbar sind, ist klare und menschliche Kommunikation entscheidend.

5 Literaturverzeichnis

Bea, F. X. & Haas, J. (2013). *Strategisches Management* (Grundwissen der Ökonomik : Betriebswirtschaftslehre, 6., vollständig überarb. Aufl.). Stuttgart: Lucius & Lucius.

Bundeszentrale für politische Bildung (Franka Kühn, Hrsg.). (2017). *Die demografische Entwicklung in Deutschland.* Zugriff am 01.02.2019. Verfügbar unter https://www.bpb.de/politik/innenpolitik/demografischer-wandel/196911/fertilitaet-mortalitaet-migration

Böhme, J. (2017). Die Leidenschaftler. In Impulse. *Ideen umsetzen. Werte schaffen.* Ausgabe Juli/August 2017

Design Tagebuch (Achim Schaffrinna, Hrsg.). (2014). *Aus „Cortal Consors" wird „Consorsbank".* Zugriff am 05.02.2019. Verfügbar unter https://www.designtagebuch.de/aus-cortal-consors-wird-consorsbank/

DSSV Arbeitgeberverband deutscher Fitness- und Gesundheits-Anlagen. (Hrsg.). (2016) *Fitnesstrends für das Jahr 2017.* Zugriff am 01.02.2019. Verfügbar unter https://www.dssv.de/index.php?eID=dumpFile&t=f&f=3799&token=6a3f17851de3f-b2cd7cd0959f57e234f49e74d0c

DSSV Arbeitgeberverband deutscher Fitness- und Gesundheits-Anlagen. (Hrsg.). (2018). *Eckdaten 2018 der deutschen Fitness-Wirtschaft,* Hamburg.

Dunker, M. (2006). Marketing (Das @Kompendium, 2. Aufl.). Rinteln: Merkur.

Fitnessfirst Germany GmbH (Hrsg.). (2017). *„Wir wollen ein Zeichen setzen!" Interview mit Fitness First CEO Martin Seibold.* Zugriff am 05.02.2019. Verfügbar unter https://blog.fitnessfirst.de/interview-fitness-first-ceo-martin-seibold/

Fitnessfirst Germany GmbH (Hrsg.). (2018). Wer wir sind. Zugriff am 06.02.2019. Verfügbar unter https://www.fitnessfirst.de/wer-wir-sind

Freeletics GmbH (Hrsg.) (2017). *Freeletics.* Zugriff am 31.01.2019. Verfügbar unter https://www.freeletics.com/en/press/wp-content/uploads/sites/24/2017/04/Freeletics_PressKit_DE_06.04.2017_web.pdf

Freeletics GmbH (Hrsg.) (2019). *Digitales Coaching – Günstiger als ein Fitnesskurs pro Woche.* Zugriff am 31.01.2019. Verfügbar unter https://www.freeletics.com/de/training/

Gründerszene (Christina Kyriasoglou, Hrsg.). (2015). *Freeletics-Gründer „Es war schon schmerzhaft, schon ein Struggle".* Zugriff am 31.01.2019. Verfügbar unter https://www.gruenderszene.de/allgemein/freeletics-interview-matijczak-yilmaz-cornelius

Hammer Sport AG (Hrsg.) (2015). *Freeletics vs. Klassisches Krafttraining.* Zugriff am 31.01.2019. Verfügbar unter https://www.hammer.de/fitnesswissen/trainingstipps/freeletics

Horizont (Marco Saal, Hrsg.). (2013). *WARUM VODAFONE SEINE CORPORATE IDENTITY ÜBERARBEITET - Gregor Gründgens im Interview.* Zugriff am 05.02.2019. Verfügbar unter *https://www.horizont.net/marketing/nachrichten/ Warum-Vodafone-seine-Corporate-Identity-ueberarbeitet-Gregor-Gruendgens-im-Interview-116491*

Impulse (Antonia Lange, Hrsg.). (2014). *„Survival of the fittest": Daumkämpfte Geschäft der Online-Fitness-Anbieter.* Zugriff am 01.02.2019. Verfügbar unter https://www.impulse.de/unternehmen/survival-of-the-fittest-das-umkaempfte-geschaeft-der-online-fitness-anbieter/2026684.html

Kotler, P & Bliemel, F. (2006). *Marketing-Management. Analyse, Planung und Verwirklichung* (10., überarbeitete und aktualisierte Aufl.). München: Pearson.

Lenz, A. (2014). *Marken, Logos und das Rad der Zeit,* Dietrich Identity GmbH. Zugriff am 05.02.2019. Verfügbar unter https://www.dietrichid.com/branding/markenlogos _evolution/

Manager Magazin (Matthias Jung, Hrsg.). (2015). *Fitnesstrend Freeletics „Für normale Menschen kaum zu schaffen".* Zugriff am 31.01.2019. Verfügbar unter http://www.manager-magazin.de/lifestyle/fitness/fit-ohne-geraete-was-experten-ueber-freeletics-sagen-a-1039188.html

Meffert, H., Burmann, C. & Kirchgeorg, M. (2015). *Marketing. Grundlagen marktorientierter Unternehmensführung Konzepte – Instrumente – Praxisbeispiele* (SpringerLink : Bücher, 12., überarb. u. Aktualisierte Aufl. 2014). Wiesbaden: Springer Gabler.

Statista. (2019). *Umsatz im Segment Fitness-Apps im Jahr 2019.* Zugriff am 03.02.2019. Verfügbar unter: https://de.statista.com/outlook/318/100/apps/weltweit

Weis, H. C. (2012). *Marketing* (Kompendium der praktischen Betriebswirtschaft, 16., verbesserte und aktualisierte Auflage). Herne, Westf: NWB Verlag.

Zukunftsinstitut GmbH (Anja Kirig, Hrsg.). (2018). *Social Cocooning: Die neue Hei-meligkeit.* Zugriff am 01.02.2019. Verfügbar unter https://www.zukunftsinstitut.de/ar-tikel/lebensstile/social-cocooning-die-neue-heimeligkeit/

6 Abbildungs- und Tabellenverzeichnis

6.1 Tabellenverzeichnis

Tab.1: Produkt-Martkt-Matrix nach Ansoff (modifiziert nach Meffert, Burmann et al., 2015, S. 254 und Weis, 2012, S. 160)..6

Tab.2: Werte zur Preisbildung des monatlichen Bruttomitgliedsbeitrages (eigene Darstellung)..6

Tab.3: SWOT-Matrix für das Unternehmen Freeletics GmbH (modifiziert nach © BSA/DHfPG)...12

Tab.4: Unternehmen/Marken mit veränderter CI (eigene Darstellung).........................16

6.2 Abbildungsverzeichnis

Abb.:1 Formel zur Berechnung der Preiselastizität..4